작은곰자리는 우리 어린이들이 바른 생각, 너른 마음을 가지고
즐겁게 살아갈 수 있도록 도와주는 세계의 그림책입니다.

작은곰자리 023

쿠키 한 입의 우정 수업

초판 1쇄 인쇄 2014년 2월 14일 | 초판 1쇄 발행 2014년 2월 21일
글쓴이 에이미 크루즈 로젠탈 | 그린이 제인 다이어, 브룩 다이어 | 옮긴이 최현경
펴낸이 임선희 | 펴낸곳 도서출판 책읽는곰 | 출판등록 제313-2006-000250호
주소 서울시 마포구 서교동 460-14번지 2층 | 전화 02-332-2672~3 | 팩스 02-338-2672
홈페이지 www.bearbooks.co.kr | 전자우편 bearbooks@naver.com | ISBN 979-11-85564-01-2, 978-89-960170-3-5(세트)
만든이 우지영, 최현경, 신수경, 엄주양 | 꾸민이 김태우 | 가꾸는이 박효정, 정승호, 김정이, 전일만, 김동국
함께하는 곳 한국커뮤니케이션, 두성피앤엘, 월드페이퍼, 비송문화사, 으뜸래핑, 도서유통 천리마

쿠키

한 입의 우정 수업

에이미 크루즈 로젠탈 글 | 제인 다이어 · 브룩 다이어 그림 | 최현경 옮김

어머니 아버지께,
제가 했던 가장 현명한 선택은 두 분의 딸로 태어난 거예요.
_에이미 크루즈 로젠탈

현명한 사람 세실리에게,
사랑을 보내며.
_브룩 다이어와 제인 다이어

글쓴이_에이미 크루즈 로젠탈
미국 시카고에 살면서 아이와 부모를 위한 글을 씁니다. 〈뉴욕 타임스〉를 비롯한 여러 잡지에 육아와 결혼 생활에 관한 글을 연재하는 한편, 시카고 공영 방송에서 라디오 프로그램을 진행합니다. 《쿠키 한 입의 인생 수업》, 《쿠키 한 입의 행복 수업》, 《쿠키 한 입의 사랑 수업》, 《오리야? 토끼야?》, 《숟가락》을 비롯해 아이디어가 반짝이는 어린이 책을 많이 썼습니다. www.whoisamy.com

그린이_제인 다이어 · 브룩 다이어
미국에 살면서 그림책 작가로 일하는 엄마와 딸입니다. 《쿠키 한 입의 사랑 수업》부터 엄마 제인 다이어와 딸 브룩 다이어가 함께 '쿠키 한 입의 수업' 시리즈의 그림을 그렸습니다. 제인 다이어가 그린 책으로는 《쿠키 한 입의 인생 수업》, 《쿠키 한 입의 행복 수업》, 《쿠키 한 입의 사랑 수업》, 《소피의 달빛 담요》, 《잘 자라, 우리 아가》 들이 있으며, 브룩 다이어가 그린 책으로는 《쿠키 한 입의 사랑 수업》, 《자장 자장 아기 곰》, 《달님의 자장가》 들이 있습니다.

옮긴이_최현경
대학에서 아동학을 공부하고 지금은 어린이 책 만드는 일을 합니다. 이제 갓 돌이 지난 아이와 함께 읽고 또 읽을 수 있는 좋은 책을 만들고 싶습니다. 옮긴 책으로 《쿠키 한 입의 행복 수업》, 《쿠키 한 입의 사랑 수업》, 《엄마!》, 《검은 마을 하얀 마을》, 《느려도 괜찮아》 들이 있습니다.

쿠키
한 입의 우정 수업

시간을 잘 지킨다는 건,

쿠키를 만들기로 한 시간에 딱 맞춰서

모두 모여 준비하고 있는 거야.

정리를 잘한다는 건 이런 거야.

"모든 걸 제자리에 두면 쿠키 만들기가 훨씬 더 수월하지."

정리를 못한다는 건 이런 거야.

"지난번에 쿠키 만들고 나서 아무렇게나 후다닥 치워 버렸더니,

뭐가 어디에 있는지 찾기 힘들어."

준비성이 있다는 건,

쿠키 만들기 전에 조리법을 읽어 보고

필요한 재료가 다 있는지 확인하는 거야.

준비성이 없다는 건,

곧장 쿠키 반죽부터 시작했다가
중간에야 초콜릿도 떨어지고 쿠키 틀도 없다는 걸 알아차리는 거야.

타협한다는 건 이런 거야.

이 아이는 아주 커다란 쿠키를 만들고 싶어 하고,

이 아이는 아주 조그만 쿠키를 만들고 싶어 해.

그래서 둘은 머리를 맞대고 생각하다가,
중간 크기로 만들기로 했지.

공감한다는 건 이런 거야.

"지금 네 기분이 어떤지 알 것 같아.
쿠키 한 입 먹고 하는 건 어때?"

"고마워, 내 마음을 알아줘서."

마음을 나눈다건 이런 거야.
"아까 쿠키 나눠 줘서 진짜 기뻤어!"

귀담아듣는다는 건,

친구가 쿠키를 어떻게 만드는지 설명할 때

눈을 맞추고 귀를 기울이는 거야.

이바지한다는 건,

모두 함께 쿠키를 만들 때 뒤로 물러앉아 있지 않고,
저마다 맡은 일을 하면서 더 좋은 생각을 보태는 거야.

"우리 이 쿠키 이름을 '초코 쏙쏙 쿠키'라고 할까?"

늦장을 부린다는 건 이런 거야.

"지난주에 나눔 장터* 얘기를 듣고 바로 하루에 한 판씩 쿠키를 구웠으면 좋았을 텐데.
계속 내일 해야지 하고 미뤘지 뭐야. 아, 이제 그 많은 쿠키를 하룻밤에 다 구워야 해."

*나눔 장터(bake sale) : 미국에서는 학교나 자선 단체에서 기금을 모으기 위해 구성원들이 직접 과자나 빵을 구워 파는 행사를 열곤 합니다. 이때 잘 만든 과자나 빵을 뽑아서 상을 주기도 합니다.

성실하다는 건 이런 거야.

"나는 날마다 집에 돌아와서 열심히 나눔 장터에 내놓을 쿠키를 구웠어.
누가 시키지 않아도 말이야."

참을성 있다는 건 이런 거야.

"우리는 도전하고 또 도전했어. 이 쿠키는 정말 만들기 어려웠지만
절대 포기하지 않았어. 열 번이나 망쳤는데도 말이야."

나눔
장터
우승

오만하다는 건 이런 거야.

"왜 저 애는 제 쿠키가 다른 아이들 쿠키보다
훨씬 나은 것처럼 굴까?"

겸손하다는 건 이런 거야.

"그 애는 제가 쿠키를 얼마나 잘 만들었는지 떠벌리지 않아.
그저 잠자코 제 할 일만 하지."

심사숙고한다는 건,

친구들에게 어떤 쿠키를 만들어 줄지
곰곰이 따져 보고 깊이 생각해 보는 거야.

설탕

공상이란 이런 거야.
"지금 난 언젠가 쿠키를 가지고 할 수 있는
온갖 멋진 일들을 떠올리고 있어."

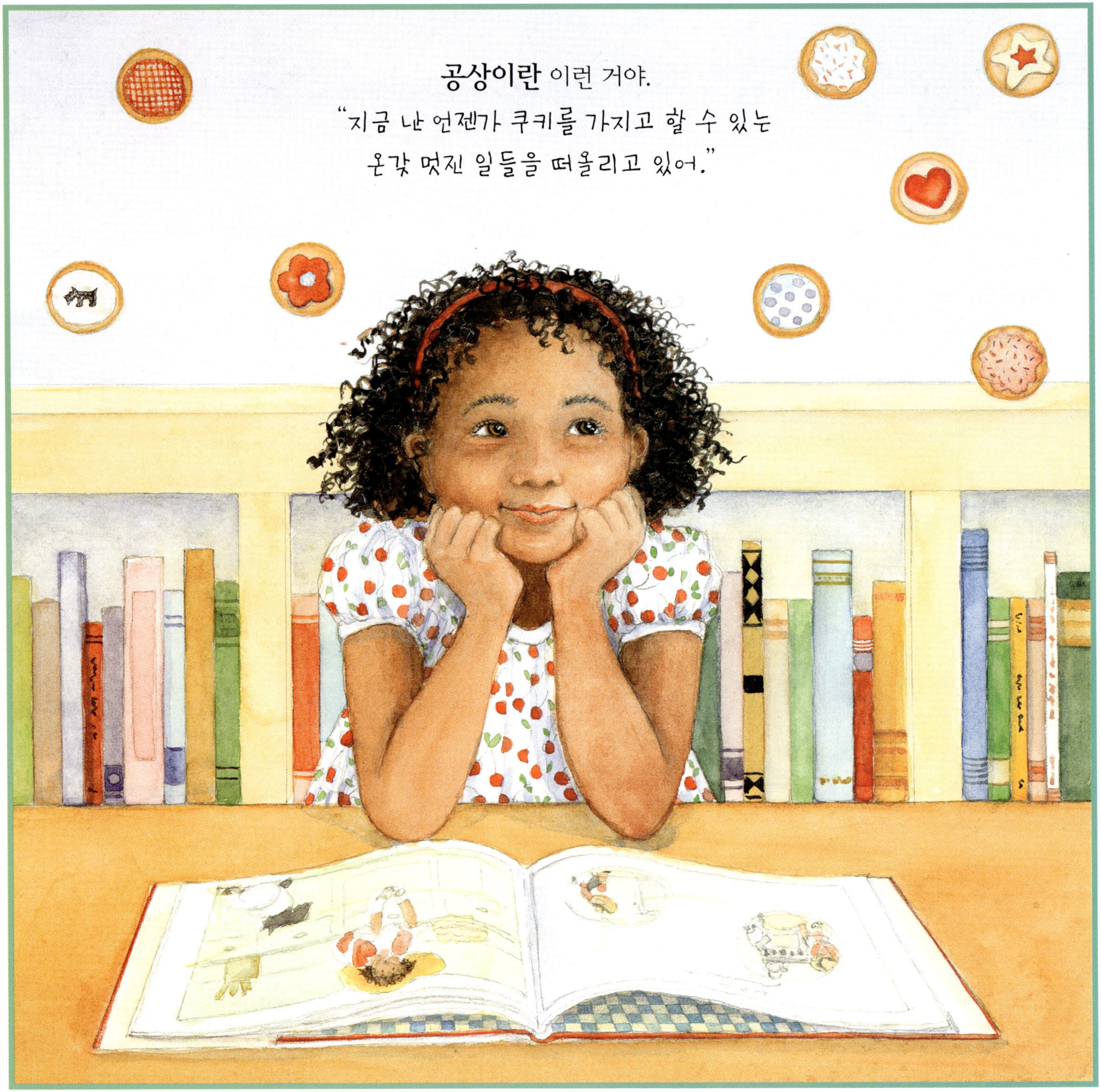

창의적이라는 건,

새로운 쿠키를 끊임없이 생각해 내는 거야.

정직하지 못하다는 건 이런 거야.

"흠, 아무도 안 보니까 이 쿠키는 내가 가져가야지."

진실하다는 건 이런 거야.

"누가 보든 안 보든 그건 중요하지 않아.
내 쿠키가 아니니까 가져가면 안 된다는 걸 잘 알잖아."

"그냥 두고 오길 잘했어. 마음이 이렇게 편한걸."

호기심이 많다는 건 이런 거야.

"이 쿠키들에 대해 하나부터 열까지 다 알고 싶어!"

"와, 쿠키가 정말 다양하고 근사해요!
어떤 쿠키를 가장 좋아하세요?
만드는 법은 누가 생각해 냈어요?
이 장식 설탕은 어디서 구할 수 있어요?"

영감을 얻는다는 건 이런 거야.

"이 쿠키들을 보니까 기운이 나고 새로운 생각이 샘솟아요.
당장 달려가서 나만의 쿠키를 만들어 볼래요!"